Lb^{34} 194.

ARTICLES.
PROPOSEZ
ET MIS EN AVANT EN

L'ASSEMBLEE ET CONFERANCE
faicte au lieu du Flex pres la ville Saincte-
Foy, entre Monsieur le Duc d'Anjou, Frere
vnicque du Roy, en vertu du pouuoir que sa
Maiesté luy a donné, & le Roy de Nauarre
assisté des deputés de la Religion pretendue reformée.

*Le tout confirmé ratifié & approuué par
lettres patentes du Roy.*

A BOVRDEAVS.

Par S. Millanges Imprimeur ordinaire du Roy.
1581.
Auec priuilege.

13

LETTRES PATANTES

DV ROY SVR LES ARTICLES
accordés en la Conference tenue au Flex.

ENRY par la grace de Dieu Roy de Frãce, & de Polongne a tous presens & aduenir salut. Combien que despuis l'accord & publication de nostre Edit de Pacification fait l'ã mil cinq cens soixante dix sept, nous aions faict tout ce, que nous a esté possible pour le faire executer, suiure, & obseruer par tous nos subiets, iusques a donner la peine a la Roine nostre tres honnorée Dame & Mere de se transporter és principales Prouinces de nostre Royaume, pour remedier & pouruoir, selon son accoustumée prudence, aux difficultés & obstacles, qui priuoient nosdits suiets du benefice de nostre Edit, dont seroiët ensuiuis les articles de la Conferance faite a Nerac, entre ladite Dame accompaignée d'aucuns des

A 2

principaux Princes de noſtre ſang, & ſeigneurs de noſtre Conſeil priué, & noſtre trescher & tresaimé Frere le Roy de Nauarre aſſiſté des depputez de noz ſubiectz faiſans profeſſion de la Religion pretendue reformée: neantmoins n'ayans peu a noſtre plus grand regret euiter, que les troubles n'aient eſté renouuellés en noſtre Royaume, nous aurions recherché & vſé de tous les moiens plus propres & cöuenables, que nous auons peu excogiter, pour les amortir, pour deliurer noſdits ſuiects du mal de la guerre, aians pour c'eſt effect decerné nos lettres de pouuoir a noſtre trescher & tresaimé Frere vnicque le Duc d'Aniou de faire entierement execu ter noſtre Edit de Pacification & articles de ladite Conferãce de Nerac. Lequel s'eſtant depuis, ſuiuant noſtre intention, trãſ porté en noſtre pais & Duché de Guiëne, auroit ſur ce amplement conferé auec noſtredit frere le Roi de Nauarre, & les deputés de noſdits ſubiets de ladite Religiõ pretëdue reformée y cõuoqués & aſſëblés.

ou auróient esté proposés & mis en auant
les articles atachés a ces presentes soubz
le contreséél de nostre Chancelerie. Lesquels nous aians esté enuoiés par nostre
dit Frere, Nous, apres auoir iceux veus &
bien consideré,pour le singulier desir que
nous auons de bannir de nostre Royaume
les impietés , extortions , & autres acci-
dens , que produisent lesdits troubles ,y
reintegrer l'honneur & seruice de Dieu,
faire place a la iustice,& soulager nostre
pauure peuple,auons de nostre propre mou
uemēt,pleine puißāce & authorité Roiale
agreé,ratifié,& approuué lesdits articles,
iceux agreōs,ratifiōs,& approuuōs par ces
presentes signées de nostre main. Voulons
entendōs & ordonnons,qu'ils soient suiuis
gardés,executés,et obseruésinuiolablemēt
suiuant leur formē & teneur,tout ainsi q̃
nostre dit Edit de Pacification. Si dōnons
en mandement a nos amez & feaux les
gens tenans nos Courts de Parlementz,
Chābres de nos Cōptes ,Courts de nos Ai-
des,Baillifs,Seneschaux, Preuosts & au-

A 3.

tres nos Iusticiers & Officiers qu'il appar
tiendra, ou leurs Lieutenans que les articles, cy, comme dit est, attachés, ils fassent
lire, publier, enregistrer, garder, executer,
& obseruer inuiolablement, tout ainsi que
iceluy Edit de Pacification & les articles
accordés en ladite Conferance de Nerac;
& du contenu faire iouir & vser plaine-
ment & paisiblement tous ceux qu'il ap-
partiendra, cessans & faisans cesser tous
troubles & empeschemens au contraire.
Car tel est nostre plaisir. Et affin que ce
soit chose ferme & stable a tousiours, nous
auons faict mettre nostre seel a cesdictes
presentes. Donnné a Blois, au mois de Decembre, l'an de grace mil cinq cés quatre
vingts, & de nostre regne le septiesme.

Ainsi signé   HENRY.

Et sur le reply   Visa.
Et plus bas,   Par le Roy,
                              Pinard.
Et seellées sur las de soye rouge & verde, en
ciré verde, du grand séel.

Rticles proposez & mis en auāt, en l'assemblée & cóferāce faite au lieu de Flex, pres de la ville Sainte Foi, entre Mōseigneur le Duc d'Anjou, Frere vnicq̄ du Roy, en vertu du pouuoir, q̄ sa Majesté lui a dōné, & le Roy de Nauarre adsisté des deputez de la religiō pretendue reformée, se faisant fort pour tous les subiets du Roy, faisās professiō de ladite religiō, pour estre presentez a sa Maiesté, & par elle, si tel est son plaisir, accordés & agrées, & ce faisāt mettre fin aux troubles & desordres aduenus en ce Royaume, depuis le dernier Edit de pacificatiō fait au mois de Septembre, l'an mil cinq cens soixante dixsept, & Cóferance tenue a Nerac le dernier iour de Feburier mil cinq cēs soixāte dixneuf, remettre les subiets de sa Maiesté en bōne vniō & cōcorde soubs son obeissance, & pourueoir par vne bonne & prōpte execution, que doresnauāt il ne puisse aduenir entre eux chose, qui altere ladicte Pacification.

I.

Que ledict Edict dernier de Pacificatiō, & articles secretz & particuliers accordez auec icelui, ensemble les articles de la susdicte Conferance tenue a Nerac seront reallement & par effect obseruez & executez en tous & chacuns leurs points: qu'ilz tiendront & auront lieu non seulement pour les choses aduenues durāt les precedens troubles, mais aussi pour celles, qui sōt suruenues depuis ladite Conserāce iusques a present. & que tous les subiets du Roy, d'vne & d'autre Religiō iouirōt du benefice des declarations, adueus, descharges, & abolitions contenues ausdicts articles, Edict & Conferance, pource que a esté fait, & commis, pris & leué de part & d'autre durāt les presens troubles, & a l'occasion d'iceux, comme ils eussent fait, pour ce que estoit aduenu durant les precedés trou

bles, ſauf ce qui eſt expreſſement deſ-
rogé par les preſens articles.

II.

Les articles dudit Edit concernans
le reſtabliſſement de la Religion Ca-
tholique, Apoſtolique & Romaine, &
la celebration du diuin ſeruice, és lieus
ou il a eſté intermis, enſemble la iouiſ-
ſance & perception des dixmes, fruits
& reuenuz des Eccleſiaſtiques ſeront
entierement executés, ſuiuis, & obſer-
uez, & ceux, qui y contreuiĕdront treſ
rigoureuſement chátiez.

III.

En executant le premier, ſecond, &
vnzieſme articles dudict Edit, ſera en-
ioinct aux Procureurs Generaux du
Roy, & leurs ſubſtitutz aux Baillages,
Seneſchaucées, & autres iuriſdictions
royalles informer d'office, & faire
pourſuite au nom du Roy, contre tous
ceux, qui en public tiendront propos
ſcandaleus & eſmouuans ſedition, ou
autrement & en quelque façon que ce

soit, contreuiédront auſdits Edits, Arti
cles, & Côſerãce, pour les faire punir
des peines portées par iceux. Et a faute de ce faire ſeront leſdits procureurs
& ſubſtituts reſpõſables deſdites côtra
uentiõs é leurs propres & priuez nós,
& priuez de leurs eſtats, ſans iamais y
pouuoir eſtre remis & rahabilitez. Et
ſerõt les Eueſques exhortez, & autres
perſonnes eccleſiaſtiques, de faire garder aux preſcheurs, qui ſeront par eux
cõmis le côtenu auſdits articles. Com
me enſẽblable ſa majeſté l'ordõnétreſ
expreſſemét a tous autres, qui parlent
en public, ſur les peines contenues en
l'Edit.　　　　　IIII.

En conſequéce du quatrieſme, neuf-
uieſme, & trezieſme articles dudit E-
dit, tous ceux de ladite Religion, de
quelq̃ qualité & condition qu'ils ſoiét,
pourront eſtre & demeurer ſeuremét
par toutes les villes & lieux de ce
Royaume, ſans pouuoir eſtre recher-
chez, ny inquietez, pour le fait de ladi.

té religion, fouz quelque couleur que ce foit, en ce comportans au refte, felon qu'il eft ordonné par lefdictz articles fufdits dudit Edit: & ne feront côtraintz tédre & parer le deuât de leurs maifons aux iours de feftes ordonnés pour ce faire, mais feulement fouffrir qu'ilz foient tehdus & pares par l'authorité des officiers des lieux. Ne ferôt tenus auffi côtribuer aux fraiz des reparatiôs desEglifes, ny receuoir exhortatiô, lors qu'ils feront malades, ou prochains de la mort, foit par côdemnation par Iuftice, ou autrement, d'autres que ceux de ladicte religion.

V.

LE premier Article de la Conferã ce tiendra & aura lieu, encore que le Procureur General foit partie contre les hautz iufticiers, qui eftoient en poffeffiõ actuelle de ladite iuftice lors de la publication dudict Edict.

VI,

En executant le huictiefme article

duditEdict ceux de ladite religion nô-
meront au Roy quatre ou cinq lieux
en chascun Baillage & Seneschaucée
de la qualité portée par l'Edit : Afin
qu'apres estre informé de la commodité ou incommodité, sa Maiesté en
puisse choisir l'vn d'iceux, pour y establir l'exercice de leur dite religion: ou
bien s'ilz ne se trouuent commodes
leur estre par elle pourueu d'vn autre
dedans vn mois apres ladite nomina-
tion,le plus a leur commodité ,que fai
re se pourra, & selon la teneur dudict
Edict.

VII.

Et pour le regard des sepultures
de ceux de ladicte Religion , les Officiers des lieusseront tenus dedãs quin
zaine apres la requisition , qui en sera
faite,leur pouruoir de lieu commode,
pour lesdites sepultures , sans vser de
longueur & remise , a peine de cinq
cens escus en leurs propres & priuez
noms.

VIII.

Lettres patentes seront expediées adressantes aux Courts de Parlement, pour enregistrer & faire obseruer les articles particuliers & secrets, faicts auec ledict Edit. Et pour le regard des mariages & differents, qui suruiédront pour iceux, les Iuges Ecclesiastiques & Royaux, ensemble lesdictes Chambres en cognoistront respectiuement, suiuant lesdictz articles.

IX.

Les taxes & impositions des deniers qui seront faictes sur ceux de ladicte Religion, suiuant le contenu en l'article troisiesme de ladicte Conferance, seront executoires, nonobstant oppositions ou appellations quelconques.

X.

Sera permis a ceux de ladite Religion auoir l'exercice d'icelle ez viles & lieux, ou il estoit le dixseptiesme du mois de Septembre mil cinq cens soi-

ante

xante dixſept, ſuiuant l'article ſeptieſ-
me dudit Edit.　　XI.

chãbre de
Guienne.

Le Roy enuoyera au païs & Duché
de Guienne vne chãbre de iuſtice, cõpoſée de deux Preſidens, quatorze Cõ-
ſeillers, vn Procureur & Aduocat du
Roy, gens de bien, amateurs de paix,
d'integrité & ſuffiſance requiſe. Leſquels ſerõt par ſa Maieſté choiſis & ti-
rez des Parlemés de ce Roiaume, & du
Grãd conſeil: & en ſera la liſte cõmu-
niquée au Roy de Nauarre: afin q̃ ſi aucũs d'iceux eſtoiét ſuſpets, il ſoit loiſi-
ble le faire entendre a ſadite Maieſté,
laquelle en eſlira d'autres en leurs places. Leſquels Preſidens & Conſeillers
ainſi ordonnez cognoiſtront & iuge-
ront toutes cauſes, proces, & diffe-
rens & contreuentions a l'Edit de pacification: dont la cognoiſſance, & iu-
riſdition a eſté par ledit Edit attribuée
a la Chãbre cõpoſée par iceluy. Serui-
rõt deux ans entiers audit pais, & chã-
geront de lieu & ſeance par les Seneſ-

chauſées d'icelle , de ſix mois en ſix
mois: afin de purger les prouinces , &
rēdre juſtice a yn chaſcū ſur les lieux.
Et neāemoins a eſté accordé, que par
l'eſtabliſſemēt de ladite chābre, ceux
de ladite religion pretédue reformée
dudit pays ne ſeront priuez du priuilege & benefice , qui leur eſt concedé
par ledit Edit , pour l'eſtabliſſemēt de
la chābre tripartie ordonnée par ice-
luy:de laquelle les Preſidēs & Cōſeil-
lers de ladicte religion demeureront
yniz & incorporez en la Court de Par
lement de Bourdeaux,ſuyuant leur e-
rection , pour y ſeruir & auoir rang &
ſeāce du iour, qu'ils y ont eſté receuz.
Et iouyrōt des honneurs , auctoritez,
préemināçes,droits, emolumās &pre
rogatiues quelcōques,ainſi que les autres Preſidēs & conſeillers de ladicte
Court. Et pour le regard des Prouinces de Languedoc & Daulphiné , les
Chābres qui leur ont eſté ordonnées
par ledit Edit, y ſerōt reſtablies & cō-

tinuées, selon & ainsi qu'il est porté par iceluy, & les articles de ladicte Conferance de Nearc. Et sera la seance prochaine de celle de Languedoc en la ville de   & celle de Daulphiné sera establie, suiuant ce, qui a esté cy deuant ordonné.

XII.

Lesquelz Presidens, Conseillers & Officiers desdictes Chambres seront tenus se rendre promptemét ez liéux ordonnés, pour ladicte seance: afin d'y exercer leurs charges, sur peine de priuation de leurs offices : & de seruir a-ctuellement & resider ausdictes Châbres, sans qu'ilz s'en puissent departir ne absenter, que prealablemét ilz n'aient congé desdictes Chambres enregistré. Lequel sera iugé en la compagnie sur les causes de l'ordonnance. Et y serót lesditz Presidens, Coseillers & officiers catholicques cotinués le plus longuemét, q̃ faire se pourrra, & cóme le Roi verra être necessaire, pour só seruice,

uice, & le bié du public. Et en licentiant
les vns sera pourueu d'autres en leurs
places auant leur partement.

XIII.

Inhibitions & deffences seront faites a toutes Cours souueraines, & autres de ce Royaume, de cognoistre &
iuger les procez ciuils & criminels des-
dicts de la Religion, iusques au iour, q̃
lesdites Chambres seront seantes, ny
apres, sur peine de nullité, despens dõ-
mages & interests des parties, sinon q̃
de leur consentement elles procedas-
sent esdictes Cours, suiuant les Articles vingtsixiesme dudit Edict, sixiesme,
& septiesme de ladicte Conference.

Cõt interdi-
cte aux
parlemēs
iusques
au iõ de
lestablis-
semẽt des
chamires

XIIII.

Sera pourueu par le Roy d'assignat
tiõ vallable, pour fournir aux frais de
iustice esdites Chambres, sauf d'e re-
peter les deniers sur les biens des con-
damnez.

XV.

Sera faict par le Roy le plus prom-
ptement que faire se pourra vn regle-

reglemẽt
promis

B

ment entre lesdites Cours de Parlement, & lesdites Chambres, suyuant
l'Edict, & Article cinquiesme de ladi-
dite Conferance, ouys surce aucuns
Presidens & Conseillers desdits Parlemens & Chambres. Lequel regle-
ment sera gardé & obserué, sans auoir
esgard aux precedens. XVI.

Ne pourront lesdites Cours de Parlement, ny autres Souueraines & subalternes prendre cognoissance de ce
que sera pendant & introduict esdites
chambres, & dont ils doiuent cognoistre par l'Edict, sur peine de nullité des
procedures. XVII.

Es Chābres, ou il y aura juges d'vne
& d'autre religiō, sera gardée la proportion des juges & iugemens, selon
leur establissement, sinon que les parties consentissent au contraire. XVIII.

Les recusations, qui serōt proposées
entre les Presidēs & Conseillers desdites chābres de Guiéne, Lāguedoc, &

Dauphiné, pourrõt estre iugées en nõ
bre de six. Auquel nõbre les parties feront tenues de fe reftraindre, autremẽt
fera paffé outre, fans auoir éfgard auf-
dites recufations. XIX.

Les Prefidens & Cõfeillers defdites
châbres ne tiẽdrõt aucũs cõfeils particuliers, hors leurs cõpagnies. Efquelles
auffi ferõt faictes les propofitiõs, deli-
berations, & refolutions, qui appartiẽ-
dront au repos public, & pour l'eftat
particulier & police defdites villes, ou
icelles Châbres feront. XX.

Tous iuges, aufquels l'adreffe fera fai
te des executions des Arrefts, & autres commiffions defdites Chambres,
enfemble tous Huiffiers, & fergens
feront tenus les mettre en execution: &
lefdits Huiffiers & fergens faire tous
exploits partout le Roiaume, fans de-
mander placet, vifa, ne pareatis, a peine
de fufpenfion de leurs eftats, & des def
pens, dommages, & interets des parties, dont la cognoiffance appartien-

XXI.

ocaõns

Ne seront accordées aucunes euocations de causes, dont la cognoissance est attribuée ausdites Chambres: si
non es cas des ordonnances, dont ré-
uoy sera fait a la plus prochaine Châbre establie suiuant l'Edit. Et sur la re-
uocation des euocations, & cassation
des procedures faictes sur icelles, y
sera pourueu par le Roy sur les re-
questes des particuliers. & les par-
tages des procez desdictes Chambres seront iugés en la plus prochaine
obseruans la proportion & forme desdictes Chambres, dont lesditz proces
seront procedés.

XXII.

ixamen
officiers

Des officiers subalternes des Prouinces de Guiéne, Languedoc, & Dauphiné, dont la reception appartiét aux
Courts de Parlement, s'ils sont de la
dicte Religion, pourront estre exami-
nez & receuz en la Chambre de l'E-

dit, sans que autres se puissent opposer
& rendre parties a leurs receptions,
que les Procureurs du Roi, & les pour
ueus desdits offices : & neantmoins le
sermét accoustumé sera par eux presté
esdites Cours de Parlemét, lesquels no
pourrót prédre aucune cognoissance
de ladite reception. Et au refus desdits
Parlemens, lesdits officiers presteront
ledit serment ausdites Chambres.

XXIII.

Ceux de ladite Religion qui ont re-
signé leurs Estats, & offices, pour la
crainte des troubles, despuis le vingt
quatriesme Aoust, mil cinq cens soixá-
te douze, ausquels pour raisó de ce auroit esté fait quelques promesses, en
verifiant icelles, leur sera pourueu par
la iustice, ainsi que de raison.

XXIIII.

Le quarante sixieme Article dudit
Edit sera entieremét executé, & aura
lieu pour la descharge du paiemét des
arrerages des cótributions, & tous au-

tres deniers impoſez durant les troubles. XXV.

Toutes deliberatiõs faites aux Cours
de Parlement, lettres, remonſtrances,
& autres choſes contraires audit Edit
de Pacification & Conferance ſeront
razées des regiſtres XXVI.

Les proces des vagabons ſeront
iugez par les Iuges Preſidiaux, Pre-
uoſtsdes mareſchaux & Viſſeneſchaux
ſuiuanr le vintcinquieſme Article dudit Edit & huictieſme de ladicte Côferâce. Et pour le regard des domicilies
és Prouinces de Guienne, Lãguedoc,
& Dauphiné, les ſubſtituts des Procureurs Generaux du Roy eſdictes châbres feront a la requeſte deſdits domi
cilies apporter en icelles les charges
& informations faites contre iceux,
pour recognoiſtre & iuger, ſi les cas
ſont Preuoſtables, ou nõ, pour apres,
ſelon la qualité des crimes, eſtre par
icelle Châbre rẽuoyez, pour eſtre iuges a l'ordinaire, ou Preuoſtablement
ainſi qu'ils verrõt eſtre a faire par raiſõ,

en obſeruāt le contenu eſdits articles
dudit Edit & Conferāce. Et ſeront té-
nuz leſdits iuges Preſidiaux, Preudſts
des Mareſchaux, & Viſſeneſchaux de
reſpectiuemēt obeir & ſatisfaire aux
cōmandemēs, qui leurs ſerōt faits par
leſdites Chābres, tout ainſi qu'ils ont
accouſtumé de faire auſdits Parlemēs,
a peine de pſuátion de leurs eſtats

XXVII.

Toutes villes deſmantelées pendant
les troubles pourrōt les rhynez & deſ-
mantellemens d'icelles eſtre par per-
miſſion du Roy réediffiées & reparées
par les habitans a leurs frais & deſpés
ſuiuant le cinquantieſme article dudit
Edict.

villes de
mātelées

XXVIII.

Seront accordées pareilles deſchar-
ges & abolitions, pour le regard des
choſes faictes & aduenües d'vne part
& d'autre deſpuis ladite Conferance
iuſques a preſent, que celles qui ſont
cōtenues audit Edit, article cinquāte
cinquieſme, nonobſtāt toutes proce-

beſ..
. . exces
B..is

ditres, fentences, arrefts, & tout ce que
s'en eft enfuiuy, qui feront declarés
nuls & de nul effect, & comme nó aduenus, defrogás pour ce regard au co
tenu du vingtcinquiefme article de ladite Cóferance. Lequel neantmoings
pour l'aduenir demourera en fa force
& vertu. Efquelles abolitions feront
comprifes les prinfes de Bazás & Lé-
gon, la premiere faite durát la guerre,
en l'an mil cinq cens foixánte feze, &
l'autre apres ladite Conferáde de Nerac, & ce qui s'en eft enfuiuy, nonob-
ftát tous arrefts & iugemefis, qui pour-
roient eftre interuenus au cóntraire.

XXIX.

Apres la publication dudit Edit faite
la part ou fera Mondit feigneur toutes troupes & armées d'vne part & d'autre fe feparerót & retireront, & apres
qu'elles feront retirées, c'eft affauoir
les Fráçoifes licéciées & congediées,
& les eftrangiers feront hors du gou-
uernement de Guienne, pour fortir

hors du Royaume apres que les villes
cy apres nommées feront remifes entre les mains de Mondit feigneur, ledit
fieur Roy de Nauarre, & ceux de ladite religió, & autres, qui ont fuiuy leur
party feront tenuz de mettre entre les
mains de Módit feigneur les villes de
Mande, Cahors, Mófegur, Saint Meil-
ló, & Montagu. Lequel Montagu fera
defmantellé, auffi toft qu'il aura efté re
mis ētre les mains de Módit Seigneur.

XXX.

Incontinét apres la remife des fuf-
dites villes, Mondit Seigneur fera remettre entre les mains dudit fieur Roy
de Nauarre les maifons, villes & Cha-
fteaux, qui luy appartiénent. Lefquel-
les il delaiffera en l'eftat qu'il eft ordó
né par ledit Edit et Articles de ladite Conferance.

XXX.

Et le Roy fera en mefme téps mettre entre les mains de Módit Seigneur
(lequel en refpóndra a fa Maiefté) la

ville & Chasteau de la Reolle, laquelle Mondit Seigneur baillera en garde a monsieur le Viconté de Turene, qui baillera & passera telle obligation & promesse, qu'il plaira a Mondit Seigneur, de la rédre & remettre entre ses mains: affin de la restituer a sa Maiesté, au cas que dedans deux mois apres la publication, les villes delaissées par ladite Conferance estás en Guienne ne fussent remises par ceux de ladicte religion en l'estat, qu'elles doiuét estre par les articles de ladite Conferance. Pour le regard desquelles villes tenues encores a present par ceux de ladicte religion & a eux delaissées par ladicte Conferáce, promettront ledict sieur Roy de Nauarre & ceux de ladite religion, a Módit Seigneur (lequel en baillera sa parolle au Roy) en vuider les garnisons, & les remettre en l'estat qu'elles doiuét estre par ledit Edit & Cóferáce, sçauoir est celles dudit pays de Guiéne dedás lesdits deux mois apres ladite publication defdits prefens Articles faite la part, que fera Mondit Seigneur, et celles de Lãguedoc dedãs trois mois apres ladite publicatiõ faite par le Gouuerneur, ou Lieutenant general de la Prouince, fans y vfer d'aucune lõgueur, remife, tergiuerfation, ou difficulté, foubs quelque caufe et pretexte que ce foit. Et quant a la liberté et garde defdites villes obferuerõt ce, que leur eft enioint par lefdits Articles de ladite Conferance, et feront le femblable pour celles, qui leur ont efté baillées en garde, pour leur feureté par ledit Edit. Et nommeront a fa Maiefté perfonnages de meurs, qualités, et conditions requifes par ledit Edit, pour y commander: et feront tenuz et obligez de les delaiffer et remettre en l'eftat porté par ledit Edit, incontinent apres que le temps, qui refte a efchoir du terme, qui leur a efté accordé par iceluy, fera expiré, fuiuãt la forme, etfoubsles peines ycõtenues.

XXXII.

Toutes autres villes, places, chasteaux, &maisons appartenans auRoi,
& aux Ecclesiasticques, seigneurs, Gē-
tilz hommes, & autres suietz de saMa-
iesté d'vne & d'autre Religion, ensem
ble leurs tiltres, papiers, & enseigne-
més, & autres choses quelconques seront remises en l'estat, qu'il est ordonné par ledit Edit, & articles de ladicte
Conferance: & restituez aux proprie-
taires incontinãt apres la publication
desditz presens Articles, pour leur en
Iaisser la libre iouissance & possession,
comme ilz en auoient auparauant d'ē
étre dessaizis, sur les peines contenues
ausdits Edit & articles, nonobstãt que
le droit de la proprieté, oupossessiõ fut
en controuerse, & vuiderõt toutes gar
nisons desdictes villes, places, & Chasteaux: & seront a ceste fin les articles
de l'Edict & Conferance concernans
les Gouuerneurs & garnisons des fors
& cytadelles des Prouinces, villes, &

Chasteaux, executez selon leur forme & teneur.

XXXIII.

Pour l'effect dequoy Môdit Seigneur
a offert & promis demeurer ledit têps
de deux mois audit pays de Guienne,
executer & faird executer ledit Edit
& articles, fuiuât lé pouuoir a lui donné par sadicte Maiesté. Laquelle a ceste fin sera suppliée establir ptes de sa
personne vn conseil composé de per-
sonnes capables & suffisantes.

XXXIIII.

L'article quaraîte huictiesme dudit
Edit concernant la liberté du cômer-
ce & l'extinction de tous nouueaux
peages & subsides imposez par autre
authorité que celle de sa Maiesté, sera
suiuy & effectué, attendu les abus &
contrauétions faites audit Edit depuis
la publication d'icelle. Sur le faict du
sel de Pecquais, ser̂ôt faites inhibitiôs
& deffeces à toutes persones de quelque qualité & condition, qu'elles sôiéc

14

d'empefcher directement ou indire-
ctemét le tirage du fel de Peccais, im-
pofer, exiger, ne leuer aucūs fubfides
tât fur les marais, que fur la riuiere du
Rhofne, ny ailleurs, en quelque part
&forte que ce foit, fans l'expreffe per-
miffió de faMaiefté, fur peine de lavie,

XXXV.

TovTes pieces d'artillerie apar-
tenans a fa Maiefté, qui ont efté prinfes durāt les prefés & precedés troubles feront incontinét rendués, fuiuāt
l'article quarāte troifiefme desfecrets,

XXXVI.

L'ARTICLE trente-neufuiefme
dudict Edict concernant les prifonni-
ers, & les rançons fera fuiuy & obfer-
ué pour le regard de ceux, qui ont esté faitz prifōniers defpuis le renouuel
lement de la guerre, & n'ont encores
efté deliurez,

XXXVII.

LE Roy de Nauarre & Monfieur
le Prince de Condé iouyront effectu-

ellement de leurs gouuernemens suyuant ce qui est porté par ledict Edict &
Articles secrets,

XXXVIII.

La leuée de six cés mille liures, qui
fust promise et accordée par lesdicts
Articles, sera continuée suiuãt les có-
miſſiõs, qui ont esté despuis expediées
en vertu d'icelles, a laquelle sera sa Ma
ieſté suppliée faire adiouster la som-
me de quarãte cinq mille liures four-
nie et aduãcée par le sieur de la Noüe.

XXXIX.

Les Articles vingt deux, vingt trois,
et vingtquatre des secrets accordez a
Bergerac touchant les sermens et pro-
meſſes, que doibuent faire le Roy, la
Royne sa Mere, Monseigneur son Fre
re, le Roy de Nauarre, et Monsieur
le Prince de Códé seront reiterez et
accomplis. XL.

Les Princes du sang, Officiers de la
courône, gouuerneurs et Lieutenás ge
neraux, Baillifs, seneschaux des Proui-

ces, & principaux Magistrats de ce
Roiaume iureront, & promettront de
faire garder & obseruer lesdits Edit &
presens Articles, s'employer et tenir
la main chascun pour son regard a la
punition des contreuenans.

XLII.

Les Courts de Parlement en corps
feront pareil serment, lequel sera reï-
teré en chascune nouuelle entrée, qui
se fera tous les ans a la feste de sainct
Martin, en laquelle ils feront lire et
republier ledit Edict.

XLIII.

Les Seneschaux et officiers des Seneschaucées et sieges Presidiaux feront
aussi le mesme serment en corps, et le
reïtereront faisas lire et republier ledit
Edit en chascun premier iour Iuridicq
d'apres les Roys.

XLIII.

Les Preuosts, Maires, Iurats, Con-
suls, Capitouls et Escheuins de villes
feront semblable sermet aux maisons

commu-

communes, appellez les principaux
habitans d'vne & d'autre religion, &
les reitereront a toutes nouuelles ele-
ctions desdites charges.

XLIIII.

Tous les dessusdits & autres subiects
quelconques de ce Royaume de quelque qualité qu'ils soient, se desparti-
ront, & renonceront a toutes ligues,
associations, confreries, & intelligen-
ces, tant dedans, que dehors le Royaume: & iureront de n'ē faire desormais,
ne y adherer, ne autrement contreue-
nir directement ne indirectement audit Edit, Articles & Conferance, sur
les peines portées par iceux.

XLV.

Tous officiers Royaux & autres, Mai
res, Iurats, Capitouls, cōsuls, & Esche
uins respōdrōt en leurs propres & priuez noms des contrauentions, qui seront faites audit Edit, a faute de punir,
& chastier les contreuenans, tant ciuil-
lement que corporellement, si le cas

C

Et pour le furplus de tout ce qui eſt contenu & ordonné par leſdits Edict, Conferance, & Articles fecrets, fera executé & obſerué de poinct en point ſelon ſa forme & teneur.

Fait a Flex pres faincte Foy le vint-fixiefme iour de Nouembre l'an mil cinq cens quatre vingts.

Ainſi ſigné de la propre main de Mõſeigneur frere du Roy FRANCOYS & dela propre main du Roy de Nauarre HENRY.

DEſpuis les Articles ſignez a Flex le vingt fixiefme du mois paſſé a eſté accordé entre Monfeigneur, & le Roy de Nauarre, et ceux de la religion prétendue reforméc, qu'au lieu de la ville et Chaſteau de la Reolle métion-nez au trente vniefme defdits articles, les villes de Figeac en Quercy, et Mõt ſegur en Bazadois ſeront delaiſſées au-dit ſieur Roy de Nauarre et ceux de la religion, pour la ſeureté de leurs per-

ſonnes, et les garderont durant le téps
qui reſte a eſchoir des ſix années accordées par l'Edit de paix a meſmes
charges et conditions, que les autres
villes leur ont eſté delaiſſées. Et pour
la ſeureté deſdites villes le Roy entre-
tiendra audict ſieur Roy de Nauarre
deux cõpagnies de gens de pied, chaſ-
cune de cinquante hommes, outre et
par deſſus le nombre des autres garni-
ſõs accordées par les Articles ſecrets.
Et ſera donnée aſſignatiõ bõne et vallable pour l'entretenemét deſdites gar
niſons. Et ladite ville et Chaſteau de
la Reole remiſe en tel eſtat, q̃ les autres
villes nõ baillées eu garde, le tout ſous
le bon plaiſir du Roy : Faict a Coutras le xvj. iour de Decébre, 1580.

Ainſin ſigné de ladite propre main de Mõſei-
gneur frere du Roi FRANÇOIS *, & de ladite*
propre main du Roy de Nauarre, HENRY.

APRES que le Roy a veu et meu-
remét cõſideré de mot a autre tout
le comtenu en ces preſents articles

G 2

proposez en a Conferance que Mõ-
seigneur le Duc d'Anjou son Frere v-
nicque a faict au Flex, et a Coutras, a-
uec le Roy de Nauarre et les depputez
de la Religion pretédue reformée, qui
estoient assemblés, pour faciliter l'exe
cution du dernier Edit de Pacificatiõ,
lesdits Articles arrestez et signés de-
part, et d'autre ausditz lieux de Flex et
Coutrats sa Maiesté les a approuués,
cõfirmés, ratifiés, vdut, et entéd, qu'ilz
soient obserués, et executés, selõ leur
forme et teneur, et que les prouisions
et despechés requises soiét au plustost
faites et enuoiées. Fait a Blois le vingt
sixieme iour de Decembre mil cinq
centz quatre vingts.

Ainsi signé.   HENRY.
Et plus bas,   PINARD.
Et contresééléz sur las de soye verde,
en cire verde.

EXTRAICT DES RE-
giſtres de la Court de Parlement.

APRES lecture faicte des lettres patentes du Roy, en forme de chartre, dõnéez
a Bloys au mois de Decébre dernier paſſé, ſi-
gnééz ſur le reply par leRoy, Pinard, & a coſté
viſa, & ſéelées ſur cordons de ſoye rouge & ver-
dé de cire verde, par leſquelles ledict ſieur à a-
grée, ratifié, & approuué les Articles propoſez
& mis en auant entre Monſieur ſon Frere, le
Roy de Nauarre, & les deputez de ceux de la
religion pretẽdue reformée, a ceſte fin conuo-
quez & aſſemblés: auſquelles leſdits articles
en datte du 26. de Decébre ſignez HENRY, &
plus bas Pinart, ſont attachez ſous le côtreſéel
duditSieur. Et apres auſſi ſemblable lecture deſ
dits Articles,

Et que de la Roche, pour le Procureur General du Roi en cõſequence du dernier Edit de
pacificatiõpublié au mois d'Octobre mil cinq
cens ſoixante dixſept, & des lettres patétes duditSieur, du 14. iour du mois de Mars mil cinq
cens ſoixãte dixneuf, confirmatiues de la Cô-
ferance tenuë a Nerac ſur l'execution du ſuſdit
Edit de Pacification & ſuyuãt l'expres cômã-
dement du Roy, ha requis que ſus le reply des
lettres patentes preſentement leües ſoit mis,
Leües publiées, & regiſtrées, ouy, & conſen-

C 3

tant le Procureur General du Roy, & que d'a-
bondât en soit faite ce iourd'hui lecture & pro
clamation, par les lieux & carrefours accoustumés de ceste ville de Bourdeaus, tout en la mes
me forme & maniere que le dernier Edict dudit an mil cinq cês soixante dixsept fut leu, &
proclamé par lesdits carrefours: & en outre que
il soit enioint a tous les Baillifs & Seneschaux
du ressort de ladite Court, ou leurs Lieutenans
d'ê faire lecture en leurs sieges & auditoires a
iours de plaids, & autres lieus & êdrois de leurs
Seneschaucées & Bailliages: & de les faire aussi
proclamer ainsi qu'il sera requis, & a ce faire de
proceder le plus diligémment & prôptemêt que
faire se pourra : & qu'a ceste fin leur soient enuoiées copiés desdites lettres & articles deue-
mêt collatiónées & signées par le Greffier de la
Court:afin q aucû n'ê puisse pretêdre cause d'i
gnorâce. Et en outre leur estre enioint de garder, & entretenir, faire garder & entretenir, le
contenu desdites lettres & articles selô leur for
me & teneur, auec inhibitiôs a tous de quelq e-
stat qualité ou condition qu'ils soient de non y
côtreuenir sous les peines côuenues esdites lettres, & sous toutes autres, telles q de droit & rai-
sô. La Court a ordôné & ordône qu'ê côsequen
cê de la publicatiô d'iceluy dernier Edit de pa-
cificatiô de l'â 1577. & lettres patétes d'icelui
côfirmatiués de la Côferâce tenue a Nerac, sur

l'execution du mesme Edit, sera mis sur le reply des lettres patentes, du Roi, desquelles presentemét lecture a été faite, & ausquelles les Articles aussi maintenát leus, faits sur la Pacificatió des presents troubles sont attachés soubs le contreséel du mesme Sieur, Leuës, publiées, & registrées, oui, cósentant, & requerát le Procureur general du Roi: & ce en cóséquéce des publicatiós des susdits Edits de l'á 1577 & Cóferance dudit Nerac. Et qu'é outre les mesmes lettres & Articles presentement leus serót proclamés par les lieus & carrefours de ceste ville de Bour. en la maniere accoustumée. Et au surplus du requisitoire du mesme Procureur general du Roi, ordóne, qu'a la diligéce d'icelui Procureur General serót enuoiées copiés desdites lettres & Articles deuemét collatiónés a l'original, par le Greffier d'icelle Court, & signés de lui, a tous les Baillifs & Seneschaus du ressort, ou leurs lieutenáts, pour y estre leus en leurs auditoires a iovrs de plaids, & enregistrés, & proclamés aussi en tous autres lièux accoustumés de leurs Seneschaucées, a ce que nul n'en pretéde cause d'ignorance. Et enioint la Court a tous les sujets du Roi de quelq estat, qualité, ou códitió qu'ils soiét de garder estroittemét & obseruer le cótenu en icelles lettres & articles seló leur forme & teneur. Et leur inhibe & deféd de nó y cótreuenir, en maniere que ce soit, soubs les

19

peines y côtenues, & soubs toutes autres plus
grãdes, telles q̃ de droit& raison, & d'estre pu-
nis ome infracteursde paix& perturbateurs du
repos&tranquillité publicq. Faict a Bourdeaus
en Parlement, le neufiesme iour de Ianuier,
mil cinq cens quatre vingts & vn.
    Ainsi signé DE PONTAC.

R.F.

Publication.

LE neufiesme iour de Ianuier mil cinq cens
4. vingts & vn, les lettres patentes du Roy
en forme d'Edit du mois de Decembre dernier auec les Articles de la Conferance
faite au Flex, sur la Pacification des troubles,
attachées au contreseel desdites patētes ont e-
sté leuës, & publiées par les cantons & carrefours de ceste ville deBourdeaus suiuãt l'arrest
de la Court de Parlement ce lourd'huy donné,
assistans le Greffier des presentations & Huis-
siers de ladite Court, & les lieutenant Criminel
& Particulier, Aduocat & Procureur du Roy
& Sergents de la Seneschaucée de Gulenne:&
troisIurats,Cappitaine du guet & Archiers de
ladite ville, par moi premier Huissier en ladite
Court soubs signé.
    DE BOISMENIER.

O

A B